AF227102

ÉLECTIONS DE 1857.

SI L'EMPEREUR LE SAVAIT !

PAR

A. DAYEZ,

EX-RÉDACTEUR EN CHEF DE LA LIBERTÉ DE LILLE.

PRIX : 1 FR. 25 C.

PARIS

IMPRIMERIE DE L. TINTERLIN ET Cᵉ,

3, RUE NEUVE-DES-BONS-ENFANTS, 3.

1857

AVANT-PROPOS.

Un grand acte politique se prépare : le renouvellement du Corps législatif.

D'après la Constitution de 1852, le Corps législatif, dira-t-on, n'est qu'un rouage accessoire dans l'organisation gouvernementale ; il doit se borner à voter les lois qui lui sont soumises ; et s'il a la faculté d'amendement, cette faculté n'implique que le renvoi de l'article du projet au conseil d'État, qui peut supprimer cet article amendé par le Corps législatif et se dispenser de le reproduire.

Ceux qui amoindrissent ainsi le rôle du Corps législatif oublient sans doute qu'il est aussi appelé à voter le budget, et qu'il pourrait, à la rigueur, dans l'exercice de son droit, en rejeter l'ensemble.

Mais c'est là une de ces extrémités tellement grave, qu'on ne saurait raisonnablement la craindre sous le régime actuel.

Au surplus, à part même cette éventualité, et en admettant que dans ses fonctions normales le Corps législatif ne soit qu'un rouage gouvernemental très-accessoire, nous croyons encore que ce rouage pourrait acquérir une certaine importance relative, si tous les députés la lui donnaient par l'autorité morale du talent, de la considération et du patriotisme, par l'indépendance du caractère et de la position.

C'est à ce point de vue que le choix des électeurs doit s'exercer avec une sage intelligence de la situation, pour ne s'arrêter que sur les plus dignes, sur les plus indépendants, sur des noms enfin qui, tout en répondant aux exigences du présent, offriront des garanties pour l'avenir.

La manifestation électorale de 1857 ne saurait avoir le caractère d'une lutte de partis politiques ; le gouvernement sait parfaitement, du reste, que les partis ne sont pas en cause, et qu'il n'aura plus que très-exceptionnellement, sur le terrain électoral, d'ennemis politiques à combattre.

Ainsi, ce que nous paraît rechercher le pouvoir actuel dans les élections, c'est l'expression de la vérité, c'est l'accomplissement du devoir.

Attitude à la fois noble et ferme qui doit lui épargner l'obséquiosité des uns et l'antagonisme des autres !

Le gouvernement ne voudra dominer que par le prestige de son indépendance et de sa force.

En effet, un pouvoir indépendant et fort ne saurait logiquement demander à la ruse et à la compression ce que doivent lui donner la confiance et la bonne foi.

L'Empereur apprécie cette situation ; indépendant et libre dans l'exercice de sa puissance gouvernementale, il veut que l'indépendance et la liberté soient également garanties au pays dans l'exercice de sa prérogative électorale.

Sur l'expression du suffrage universel, le pouvoir n'exercera donc que l'influence légitime qui lui appartient ; rien de plus, rien de moins.

Il exercera cette influence avec prudence, modération et sincérité, parce que l'Empereur a toujours voulu, comme il le veut encore, connaître les besoins, les vœux, les griefs même du pays, parce que le renouvellement du Corps législatif doit contribuer à faire arriver la vérité jusqu'au trône.

L'Élu de la nation sait mieux que personne qu'un pouvoir, si fort qu'il soit, ne devient réellement inébranlable que lorsqu'il prend ses points d'appui dans la justice pour tous et dans le concours sincère de la majorité.

Aussi, Louis-Napoléon s'est-il toujours loyalement adressé à l'opinion de la majorité pour consacrer et sanctionner ses actes ; aussi a-t-il toujours cherché avec ardeur et persévérance à connaître la vérité, afin de pouvoir se montrer juste pour tous et envers tous.

C'est ce que les faits démontrent avec une irrécusable authenticité.

SI L'EMPEREUR LE SAVAIT !

I.

Deux mois avant la conclusion de la paix avec la Russie, un ancien préfet, M. le baron Gustave de Romand, livra à la publicité une brochure courte, mais substantielle, qui obtint un immense succès constaté par treize éditions.

Dans cette brochure, dont le titre était : *Un Mot sur le caractère et les conséquences de la paix future*, M. de Romand avait divisé son travail en deux parties : la première traitait des caractères et des conséquences de la paix au point de vue extérieur ; la seconde des conséquences de la paix au point de vue intérieur, c'est-à-dire au point de vue du pays. Dans cette seconde partie surtout, on reconnaît l'administrateur habile, le fonctionnaire expérimenté ; beaucoup ont cru y voir l'homme sincèrement convaincu, qui veut faire entendre une vérité utile.

La faveur avec laquelle la brochure de M. de Romand a été accueillie, semble prouver qu'elle répondait aux idées du pays, sinon complétement, du moins par la manière dont l'auteur avait interprété ce grand et noble sentiment d'un peuple qui, loin d'imputer au souverain la responsabilité de certains abus administratifs, les explique et s'y résigne en pensant que le souverain ne peut pas tout savoir.

Ce sentiment honore toujours le prince qui l'inspire ; il implique à la fois un hommage respectueux et un gage d'estime. Aimant moins le chef du pouvoir, d'un pouvoir absolu surtout, le peuple se laisserait facilement entraîner à ne voir dans ses fonctionnaires que des instruments ; et, au lieu de s'en plaindre, il les plaindrait peut-être, afin de faire remonter jusqu'au trône la responsabilité de ses griefs.

Les révolutionnaires, lorsqu'ils voulaient vouer un roi à la haine de la nation, ne procédaient pas autrement ; Charles X a été victime de cette tactique ; Louis-Philippe, bien que protégé par un régime plus constitutionnel encore, n'a pu y résister ; et cependant, en bonne logique politique, ces deux rois auraient dû, aux yeux du peuple, paraître d'autant plus irresponsables que leur pouvoir était moins absolu.

« Aujourd'hui, Napoléon III est à la fois, selon M. de « Romand, la tête et le bras de son gouvernement ; tout « repose sur lui ; c'est sa volonté qui règle tout : la diplo- « matie, l'administration, la guerre ; et il est obligé de suf- « fire seul à tout, même en l'absence des traditions qui, « dans les gouvernements absolus, peuvent souvent sup- « pléer aux garanties légales des gouvernements libres. »

Si on admet qu'en principe cette définition du pouvoir impérial soit exacte, on doit cependant remarquer que l'auteur ne tient pas suffisamment compte des éléments plus ou moins secondaires qui viennent en aide à ce pouvoir absolu dans l'exercice de sa suprématie. Les hauts fonctionnaires, les chefs d'administration, les corps constitués, ne sont pas des instruments passifs ; ils ont au moins voix consultative et souvent délibérative ; tout indique qu'ils exercent, dans la sphère de leur compétence et de leurs attributions, une légitime influence, lorsqu'elle s'appuie sur les véritables intérêts du pays auxquels l'Empereur, dans sa puissante initiative, a toujours pour but de donner pleine et entière satisfaction.

En montrant l'immense responsabilité qui pèse sur le souverain, en raison de son immense pouvoir, M. de Romand n'a eu d'autre intention, sans doute, que d'établir, par la grandeur même de l'œuvre, par ses absorbantes difficultés, par la multiplicité des événements qui la compliquent chaque jour, l'impossibilité matérielle où se trouve l'Empereur de surveiller tous les errements de ses fonctionnaires, de connaître tous leurs actes administratifs, d'apprécier le plus ou moins d'intelligence qui préside, dans les départements, à l'application des mesures gouvernementales et à l'exercice du pouvoir délégué.

Sous ces divers rapports, M. de Romand, supposant, à tort ou à raison, une situation qui laisserait encore beaucoup à désirer, s'exprimait ainsi :

« Les merveilles du règne de Napoléon III ont accru « de plus en plus la glorieuse popularité de ce prince ; mais « cette popularité n'est pas toujours demeurée le partage de « tous les instruments de son autorité ; il en est quelques-« uns qui ont remis en vogue ce vieil adage de la fidélité « française envers ses souverains : « Si le roi le savait ! »

« Le mouvement de 1789, ajoutait M. de Romand, n'a « pas eu de cause plus immédiate que les abus de pouvoir « intermédiaires ; et *quand le roi l'a su, il était, hélas! « trop tard.* »

L'auteur arrivait enfin à cette conclusion : qu'il serait opportun, urgent, de profiter de l'état de paix pour s'occuper plus particulièrement de l'administration intérieure, en exerçant un contrôle efficace sur les fonctionnaires publics.

Sans contester ici l'urgence et l'opportunité de ce contrôle, et en admettant même que l'Empereur n'ait pas toujours été servi par ses fonctionnaires comme il aurait voulu l'être, il nous sera facile de prouver que l'Empereur n'a pas cessé un seul instant, depuis qu'il est au pouvoir, de rechercher la vérité, et qu'il s'est toujours efforcé, par tous les moyens possibles, de lui faciliter l'accès du cabinet impérial.

L'Élu de la France a si souvent et si hautement exprimé ses intentions à cet égard, qu'on ne peut conserver aucun doute ; ces intentions se sont manifestées, du reste, par

des actes extrêmement significatifs, dont nous allons expo-
ser le résumé, qui servira de prolégomènes à la question
électorale que nous voulons traiter.

II.

Deux mois à peine s'étaient écoulés depuis le coup
d'État de 1851, que déjà le Prince-Président de la République avait institué des inspecteurs généraux et des inspecteurs spéciaux. Le but de cette institution est parfaitement indiqué dans la lettre suivante, adressée le 30 janvier
1852, par le Prince-Président, au ministre de la police générale :

« Monsieur le Ministre,

« Au moment où vous allez organiser le ministère de la
police générale, je désire que l'idée dominante qui me fait
juger cette organisation nécessaire, vous soit toujours pré-
sente, et que vous demeuriez bien pénétré de l'esprit suivant lequel elle doit être mise en pratique.

« Aujourd'hui, quoique responsable, le Président de la
République ne peut, à l'aide de ses seuls moyens officiels,
connaître que très-imparfaitement l'état général du pays.
Il ignore comment fonctionnent les divers rouages de l'administration, si les mesures arrêtées avec ses ministres
s'exécutent conformément à l'intention qui les a dictées, si
l'opinion publique applaudit aux actes de son gouvernement ou les désapprouve ; il ignore enfin quels sont, dans
les diverses localités, les écarts à réprimer, les négligences
à stimuler, les améliorations indispensables à introduire.
En effet, il n'a pour s'éclairer que les renseignements souvent contradictoires, toujours insuffisants, des divers mi-
nistères.

« L'administration de la guerre, celle des finances, ont
un contrôle ; le ministère de l'intérieur, qui est le seul politi-

que, n'en a pas. Lorsqu'un ordre est transmis à un préfet, il faut s'en rapporter à ce préfet lui-même pour savoir si l'exécution a été ce qu'elle devait être. Supposez des conflits entre les diverses autorités ; comment, sur des informations incomplètes et nécessairement partiales, juger qui a raison, qui réprimander ou récompenser avec justice ?

« D'un autre côté, la surveillance étant trop localisée, renfermée dans une sphère trop étroite, exercée par des agents indépendants les uns des autres et sans lien direct avec le pouvoir central, les délits, les crimes, les complots, ne sauraient être ni prévus, ni réprimés d'une manière efficace.

« Dans l'état actuel des choses, il n'existe aucune organisation qui constate avec rapidité et certitude l'état de l'opinion publique, car il n'en est aucune qui en ait la mission exclusive, qui dispose des moyens pour le bien faire, qui, désintéressée dans toutes les questions politiques, ait le pouvoir d'être impartiale, de dire la vérité et de la transmettre.

« Pour suppléer à cette lacune, il faut reprendre le décret du 21 messidor an XII, c'est-à-dire distraire du ministère de l'intérieur, absorbé par trop de soins divers, la direction de la police générale, et lui donner une organisation simple, uniforme, obéissant à une seule impulsion.

« A cet effet, il suffira de créer sept à huit inspecteurs généraux, embrassant dans leurs attributions plusieurs divisions militaires et correspondant directement avec le ministre. Ils auront sous leurs ordres des inspecteurs spéciaux, qui, eux-mêmes, seront en rapport suivi avec les commissaires des villes qui, aujourd'hui éparpillés sur tous les points de la France, ne sont que les agents des municipalités.

« De cette manière, le ministre de la police sera à la tête de fonctionnaires hiérarchiquement subordonnés les uns aux autres, mais qui n'en obéiront pas moins aux autorités civiles, depuis le maire jusqu'au préfet.

« Il surveillera tout sans rien administrer; il ne diminuera pas le pouvoir des préfets, il ne le partagera pas; ses
agents seconderont les diverses autorités, les éclairant
d'abord, et le gouvernement ensuite, sur tout ce qui con-
cerne les services publics.

« Sans doute, sous un ordre de choses ne représentant
que des intérêts privilégiés, un semblable ministère pourrait inspirer des appréhensions; mais, sous un gouvernement dont la mission est de satisfaire les intérêts généraux,
il ne doit rien avoir que de rassurant pour tous.

« Ce ne sera donc pas un ministère de provocation et de
persécution, cherchant à dévoiler les secrets des familles;
voyant partout le mal pour le plaisir de le signaler, inter-
rompant les relations des citoyens entre eux et faisant planer partout le soupçon et la crainte; ce sera, au contraire,
une institution essentiellement *protectrice*, principalement
animée de cet esprit de bienveillance et de modération qui
n'exclut pas la fermeté : elle n'intimidera que les ennemis
de la société.

« En résumé, son rôle est de surveiller, au point de vue
de l'humanité, de la sûreté publique, de l'utilité générale,
des améliorations à introduire, des abus à supprimer, toutes
les parties du service public. Alors elle fournira au gouvernement le moyen le plus puissant de faire le bien.

« C'est à vous, Monsieur le Ministre, qui m'avez donné
tant de preuves de votre dévouement, que je confie cette
noble et importante mission, de faire parvenir sans cesse
jusqu'à moi la vérité, qu'on s'efforce trop souvent de tenir
éloignée du pouvoir.

« Recevez l'assurance de mes sentiments,

« Louis NAPOLÉON. »

Cette lettre, qui précédait dans le *Moniteur* le décret
d'organisation du ministère de la police et des inspecteurs
généraux, pose d'une manière très-claire, très-nette, les

bases de la nouvelle institution et ne laisse aucun doute sur son but.

Le Prince-Président veut connaître la vérité, toute la vérité. Les moyens officiels, les moyens ordinaires, sont insuffisants ; il en crée de plus directs, afin de pouvoir désormais protéger plus efficacement tous les intérêts.

Certes, jamais de plus loyales intentions n'ont été plus noblement exprimées ; le Prince-Président signale au pays les difficultés de sa position avec une entière franchise ; et, après avoir montré les abus possibles, à côté du mal, il indique le remède ; il le donne ; il organise un ministère spécial ; il crée des inspecteurs généraux, et il leur dit : « Votre mission consistera surtout à faire arriver jusqu'au chef de l'État la vérité, qu'on s'efforce trop souvent de tenir éloignée du pouvoir ; vous serez les envoyés du maître.

On pouvait dès lors comparer, en effet, les inspecteurs généraux aux anciens *Missi dominici*, dont l'institution, qui remonte à Charlemagne, était certainement l'une des plus paternelles de l'antique monarchie.

On sait que chaque année, au mois de mars d'abord, et plus tard au mois de mai, les rois de la première et de la seconde race tenaient une assemblée générale, dans laquelle, outre les intérêts de l'État, se discutaient les conflits privés les plus importants ; mais comme il n'eût été guère possible d'examiner, pendant la courte durée des sessions, toutes les affaires dont le roi pouvait et devait être juge, Charlemagne institua deux autres formes de justice : les parlements et les *Missi dominici*.

Les parlements s'assemblaient dans telle province désignée du royaume, sous la présidence du prince, qui y traitait et décidait en personne, avec ses leudes, les affaires publiques et particulières.

Les *Missi dominici* étaient de hauts fonctionnaires envoyés par le prince en province, pour y surveiller rigoureusement toutes les parties de l'administration, écouter les plaintes, y faire droit, s'ils le pouvaient, sinon en avertir le monarque, et *faire oïr à monseigneur le roi le mesaise de corps et d'esprit de ses loyaux et feaulx subjets, et muliter à outrance les chefs déloyaux et prévaricans* (1).

Telle était, en 780, la mission des envoyés de Charlemagne, des *Missi dominici*, que l'on pouvait considérer, à la fois, comme l'œil, l'oreille et le bras du maître.

En 1852, les inspecteurs généraux de Napoléon ne doivent être que l'oreille qui écoutera les plaintes, que l'œil qui surveillera le bras du délégué actif du pouvoir central.

Autre temps, autres mœurs ; à l'époque de fer du moyen âge, où la vie de l'homme était la guerre, où l'arbitraire et les violences étaient en quelque sorte l'état normal de la société, il fallait donner aux envoyés du prince des pouvoirs assez étendus pour réprimer et punir instantanément les méfaits et les crimes ; ils devaient être assez forts de leurs prérogatives pour *muliter à outrance les chefs déloyaux et prévaricans ;* ils représentaient partout où ils se trouvaient la puissance et la justice du souverain.

De nos jours, la violence et l'arbitraire ne sont certainement pas l'état normal de la société, les chefs déloyaux et prévaricants du moyen âge n'existent plus ; mais il s'agit de savoir si, en descendant au fond des choses, en interrogeant les faits, en examinant de très-près les actes, on ne trouverait pas aujourd'hui les mêmes abus, les mêmes hommes qu'autrefois, avec la franchise de l'oppression de moins et l'hypocrisie des moyens de plus !

Voilà ce que le Prince-Président voulait connaître, voilà le but de l'institution des inspecteurs généraux et leur mission : surveiller le bras, recueillir au besoin la plainte du faible injustement frappé, signaler le bien et le mal, faire connaître au maître la vérité, toute la vérité !

---

(1) C'était par l'institution des *Missi dominici* que Charlemagne exerçait efficacement une surveillance, faisait vraiment dominer le système monarchique, et en maintenait l'unité en rappelant sans cesse à lui, de tous les points de son empire, l'autorité qu'il avait confiée aux ducs, aux comtes, et même celle que ces magistrats transmettaient à leur tour à leurs inférieurs, vicaires, centeniers ou échevins. (GUIZOT.)

III.

Il faut remarquer qu'en 1852, l'institution des inspecteurs généraux était considérée par l'opinion publique, aussi bien que par le gouvernement, comme le contre-poids nécessaire, indispensable, du pouvoir en quelque sorte proconsulaire que les grandes mesures de décentralisation administrative allaient donner aux préfets des départements.

Aussi, à peine les inspecteurs généraux furent-ils installés dans leurs importantes fonctions, que parut, le 25 mars 1852, le décret de décentralisation administrative.

En vertu de ce décret, une ère nouvelle commence pour l'administration départementale; le préfet devient omnipotent; à lui l'action et l'exécution; le gouvernement ne se réserve que l'initiative et le contrôle qui doit s'exercer principalement à l'aide d'agents locaux, ses envoyés.

La nomination et l'installation des inspecteurs généraux précèdent les mesures de décentralisation, parce que la décentralisation peut, sans ce contre-poids, devenir un danger pour le pouvoir central, qui reste, dans tous les cas, responsable des actes des magistrats qu'il a imposés aux populations.

Le gouvernement ne doit pas, ne peut pas s'en rapporter au préfet lui-même pour savoir si l'exécution des mesures qu'il lui a prescrites a été ce qu'elle devait être; il lui faut des agents qui, désintéressés dans toutes les questions politiques, aient le pouvoir d'être impartiaux, de dire la vérité et de la transmettre.

Il est évident que si le préfet, désormais omnipotent dans son département, rendait toujours compte lui-même de l'exercice de cette omnipotence au seul ministre dont il dépend, le gouvernement ne saurait que ce que le préfet voudrait bien dire, et il ignorerait certainement les abus, les griefs dont les administrés auraient à se plaindre.

Quel préfet, par exemple, sera assez sincère pour s'accuser vis-à-vis du ministre? pour lui dire : ma bureaucratie est négligente, paresseuse, peu dévouée, elle use de mauvais procédés, elle est mal organisée; ou bien, telle mesure est inutile, froisse de nombreux intérêts; tel acte de mon administration fait des ennemis au gouvernement; ou bien encore, tel fonctionnaire nommé par moi est incapable; tel maire est impopulaire, déconsidéré, détesté; telle commune est unanimement mécontente de sa municipalité; en telle ou telle circonstance, j'ai sacrifié l'intérêt général à mes préférences personnelles, aux sollicitations de mes amis, à des considérations d'intérêt privé, etc., etc.

Loin de tenir ce langage, le préfet qui veut rester en place et en faveur, trouvera sa bureaucratie excellente, parce qu'il en a la responsabilité; il voudra justifier, quand même, tous les actes de sa propre gestion administrative, les choix qu'il aura faits, les erreurs qu'il aura commises; et si une plainte arrivait par hasard jusqu'au ministre, et si elle était prise en considération, le préfet, appelé à s'expliquer, ne manquerait probablement pas d'accabler le plaignant sous le poids de nombreux démentis, dont son omnipotence départementale lui permettrait de disposer. En résumé, cent fois contre une la lumière resterait sous le boisseau, et le gouvernement ne saurait que ce que le préfet aurait bien voulu lui écrire.

Voilà pourquoi le Prince-Président instituait, en 1852, des inspecteurs généraux, et leur disait dans sa lettre officielle du 30 janvier : « Votre rôle est de surveiller au point « de vue de l'humanité, de la sécurité publique, de l'utilité « générale, des améliorations à introduire, des abus à sup- « primer, toutes les parties du service public, afin de four- « nir au gouvernement le moyen le plus puissant de faire le « bien. »

On le voit, la première pensée qui a présidé à la création des inspecteurs généraux, est une pensée de sollicitude pour les populations appelées à jouir des bienfaits de la décentralisation administrative.

I V.

L'exagération de la centralisation administrative, avait, depuis longtemps pour les provinces, de fâcheuses consé-quences, aggravées de plus en plus par la jalousie méticu-leuse de l'administration centrale, dont la bureaucratie étendait à tout, aux objets les plus minimes, aux travaux les moins importants, aux détails les plus infimes, la né-cessité d'une décision ou d'une approbation ministérielle.

Une commune ne pouvait déplacer un moellon, un dé-partement ne pouvait pas régler la moindre de ses affaires locales, sans que le ministère compétent intervînt.

Une municipalité voulait-elle construire un abreuvoir, réclamait-elle l'autorisation de réparer son église, fallait-il nommer un membre de commission locale pour les hospi-ces, les prisons ou autres établissements ? on devait en ré-férer au ministre, quelquefois à plusieurs ministres ; il fallait écrire, faire des enquêtes, des rapports, attendre in-définiment, de telle façon que si on demandait l'autorisa-tion d'étayer un mur, on était à peu près certain qu'elle n'arriverait qu'après la chute de l'édifice tout entier.

Les mêmes affaires allaient et revenaient sans cesse des départements à Paris, et de Paris aux départements ; il en résultait une interminable paperasserie, des monceaux de formules banales, des lettres, des réponses sans fin ; on gâ-tait du papier, on perdait du temps, et cette complication de petits détails plus qu'inutiles, créés par la bureaucratie ministérielle, nuisait à l'expédition des affaires réellement importantes et en entravait la solution.

Il fallait donc faire cesser ces graves inconvénients, et, sans trop toucher au système général de l'administration financière créée par le génie de l'empereur Napoléon Ier, le débarrasser de ses imperfections secondaires.

Le Prince-Président comprit parfaitement cette néces-sité, et il y pourvut dans son décret de décentralisation, dont le but fut à la fois administratif et politique. En effet, quand les affaires d'un pays sont bien faites par la bureaucratie, on évite l'irritation individuelle résultant des négligences, des lenteurs même involontaires d'une administration vicieuse, méticuleuse ou mal organisée, qui provoque le mécontentement politique dans lequel les révolutionnaires trouvent toujours un puissant auxiliaire.

Mais suffisait-il, pour atteindre ce double but, de substituer la bureaucratie préfectorale à la bureaucratie ministérielle, de remplacer l'omnipotence du ministre par celle du préfet, de laisser sans surveillance, à cent lieues de la tête qui conçoit, de l'œil qui doit observer, le bras qui agit?

Non, le gouvernement comptait bien évidemment sur le concours des inspecteurs généraux, sur l'incessante vigilance de ces hauts fonctionnaires; et c'est ce qui explique encore pourquoi le décret de décentralisation pouvait donner, sans danger comme sans restrictions, les pouvoirs les plus étendus, les plus complets, aux préfets des départements.

Il serait peut-être utile de reproduire ici le texte même de ce décret et des cinq tableaux annexés; mais, dans la crainte de fatiguer l'attention du lecteur, nous nous bornerons à énumérer les principales catégories d'attributions conférées aux préfets en 1852.

La première catégorie comprend les affaires, qui, antérieurement, ne pouvaient être décidées que par le chef de l'État ou par le ministre de l'intérieur, et que les préfets pourront à l'avenir décider de leur pleine autorité; ainsi, les acquisitions, aliénations et échanges de propriétés départementales, quand elles ne sont pas affectées à un service public; le mode de gestion des propriétés départementales; les baux des biens donnés ou pris à ferme et à loyer par le département; l'autorisation d'ester en justice; les transactions qui concernent les droits des départements; l'acceptation ou le refus des dons faits au département sans charge ni affectation immobilière; les contrats à passer pour l'assurance des bâtiments départementaux ; les projets, plans et devis des travaux exécutés sur les fonds du département ; l'adjudication des emprunts départementaux ; la concession à des compagnies ou à des particuliers de travaux d'intérêt départemental ; le mode et les conditions d'admission dans les hospices des enfants trouvés ; les marchés de fournitures pour les prisons départementales et tous les établissements départementaux ; les règlements intérieurs des dépôts de mendicité ; les budgets et comptes des communes, lorsque ces budgets ne donnent pas lieu à des impositions extraordinaires ; les emprunts, pourvu que le terme du remboursement n'excède pas dix années et qu'ils puissent être remboursés au moyen des ressources ordinaires ; le mode de jouissance en nature des biens communaux ; l'approbation des marchés passés de gré à gré ; les plans d'alignement des villes ; l'élargissement et le curage des cours d'eau non navigables ni flottables ; les tarifs des droits de voirie dans les villes ; la construction des trottoirs, etc., etc.

La seconde catégorie comprend les affaires d'un intérêt spécial que les préfets ne pouvaient régler précédemment sans l'autorisation du ministre compétent, et qu'à l'avenir ils devront également décider en dernier ressort. Ce sont les affaires qui concernent les subsistances ; les encouragements à l'agriculture ; l'enseignement agricole et vétérinaire ; le commerce ; la police sanitaire et industrielle ; la réglementation complète des marchés, de la boucherie, de la boulangerie, de la police, des théâtres, etc., etc.

La troisième catégorie comprend certaines affaires que les préfets ne pouvaient décider sans l'autorisation du ministre des finances et qu'à l'avenir ils pourront décider sans cette autorisation, mais seulement sur l'avis ou la proposition des chefs de service ; ces affaires, d'un intérêt spécial et restreint, se rattachent toutes à la matière des contributions indirectes ou aux matières domaniales ou forestières. Telles sont, par exemple, les transactions ayant pour objet les contraventions en matière de poudre à feu; les cessions de terrains domaniaux compris dans le tracé des routes impériales, départementales, et des chemins vicinaux ; la vente sur les lieux des bois provenant des forêts appartenant aux communes ou aux établissements publics, etc., etc.

La quatrième catégorie est celle des affaires que les préfets ne pouvaient décider sans l'autorisation du ministre des travaux publics, et qu'à l'avenir ils décideront sans cette autorisation, mais sur l'avis ou la proposition des ingénieurs en chef. Dans la longue nomenclature de ces affaires, nous trouvons : l'autorisation des prises d'eau, celle des établissements temporaires sur les cours d'eau ; l'autorisation des établissements de bateaux ; la constitution en association des propriétaires intéressés à la construction de travaux d'endiguement, etc., etc.

Outre ces quatre catégories d'attributions relatives à l'expédition des affaires et à l'administration proprement dite, le décret de 1852 en confère encore aux préfets beaucoup d'autres, sinon plus importantes par elles-mêmes, du moins plus délicates dans leur exercice. Ainsi, les préfets nomment directement presque tous les fonctionnaires civils et même municipaux du département : les directeurs des maisons d'arrêt et d'aliénés, les gardiens, les membres de la commission de surveillance, les médecins et les comptables de ces établissements et des prisons, les médecins des eaux thermales ; les architectes départementaux; les vérificateurs des poids et mesures; les directeurs et professeurs des écoles de dessin et les conservateurs des musées ; les percepteurs surnuméraires ; les receveurs municipaux des villes, dont les revenus ne dépassent pas 300,000 fr. ; les débitants de poudre ; les titulaires des débits de tabac dont le produit ne dépasse pas 4,000 fr. ; les préposés en chef des octrois ; les directeurs des bureaux de poste aux lettres, dont le traitement n'excède pas 4,000 fr.; les gardes forestiers ; les commissaires de police des villes de six mille âmes et au-dessous, etc., etc.

On le voit, les pouvoirs accordés aux préfets par le décret de décentralisation sont immenses : la nomination directe à un très-grand nombre d'emplois salariés ou de fonctions honorifiques ; l'influence non moins directe exercée sur la nomination des élus du suffrage universel, rendent leur puissance et leur autorité égales à celles d'un ministre, puisque pour la distribution de ses faveurs et dans les limites de sa circonscription territoriale, chaque préfet est tout à la fois ministre de l'intérieur, ministre des finances, ministre des travaux publics, ministre de l'instruction publique, et même un peu ministre de la police.

Mais, ainsi que nous l'avons dit, comme contre-poids de cette immense autorité, de cette puissance quasi-proconsulaire, le gouvernement avait institué des inspecteurs généraux qui devaient « faire parvenir sans cesse au chef « de l'État la vérité qu'on s'efforce trop souvent de tenir « éloignée du pouvoir. »

<h2 style="text-align:center">V.</h2>

Il ne sera pas inutile de faire remarquer ici que, de même que les inspecteurs généraux, le bureau de la presse avait été placé sous la dépendance du ministre de la police générale.

On peut supposer, dès lors, que, dans la pensée du chef de l'État, le journalisme était aussi appelé à faciliter indirectement l'accomplissement de la mission des inspecteurs généraux, comme interprète de l'opinion publique, en signalant les améliorations désirables, en discutant les questions départementales, en patronant des candidatures honorables, en contribuant à l'élection d'hommes capables et indépendants.

Mais le journaliste, dira-t-on, sans sortir des convenances et des conditions imposées à la presse, a toujours pu, pendant les élections, se rendre l'interprète de l'opinion publique, et, en tout temps, signaler les améliorations désirables, discuter les questions locales et départementales.

En théorie, c'est très-vrai ; en pratique, c'est quelquefois moins vrai.

Admet-on que, sans blâmer, sans critiquer l'administration préfectorale, un écrivain, en annonçant une candidature, en exprimant, au point de vue des intérêts généraux, une pensée utile, puisse contrarier profondément de très-puissantes influences privées auxquelles le préfet se trouve soumis même à son insu ?

Dans l'affirmative, si le préfet tient la presse à sa merci, un journaliste prudent fera fort bien de se taire, et il se taira ; qui sait même, la peur aidant, s'il n'en arrivera pas à trouver excellent ce qui lui paraissait d'abord préjudiciable, et à présenter comme avantageuses et comme réclamées par le pays, des candidatures et des mesures contraires aux intérêts du pays, et, par conséquent, impopulaires ?

Alors encore le gouvernement, trompé au lieu d'être éclairé, croira faire des concessions aux vœux du pays, exprimés par l'organe de ses besoins, et il n'aura, en effet, cédé qu'à l'influence d'une coterie.

Quant au préfet lui-même, nous voulons bien supposer que jamais il ne cherchera à abuser de son pouvoir sur la presse dans un but personnel ; mais ne suffirait-il pas que le journaliste crût l'abus possible pour lui enlever sa liberté d'action, pour lui faire faire, par crainte imaginaire, par prévision, ce qu'il ne ferait pas dans toute autre position ?

En résumé, placé sous la dépendance immédiate d'un préfet, fonctionnaire qui appartient au ministre de l'intérieur intéressé à justifier la gestion de son subordonné, le journaliste devra ou se taire, ce qui est déjà fort courageux, ou faire toujours, et quand même, l'éloge du préfet et de ses actes.

Entre un préfet et un journaliste s'en référant au même ministre en cas de dissentiment, la partie ne saurait être égale ;

la position de l'écrivain sera très-compromise, s'il a déplu
au fonctionnaire qui dispose de tout un arsenal d'armes
meurtrières pour l'atteindre dans sa propriété, dans sa fortune, dans ses moyens d'existence : les avertissements,
les condamnations, la privation des annonces judiciaires,
les autorisations de créer des journaux concurrents, etc.

Si, au contraire, l'emploi et la surveillance de ces armes
dépendaient d'un autre ministre, surtout si cet autre ministre pouvait être édifié sur le compte du journal par les rapports de son propre délégué, le journaliste incriminé et
menacé ne perdrait pas toute chance de se tirer d'affaire ;
grâce à l'intervention d'un pouvoir supérieur désintéressé
dans la question, et à l'impartialité du bureau ministériel
appelé à la décider.

Le gouvernement voulait-il sauvegarder, d'une part, la
position et les intérêts matériels du journaliste, et fournir,
d'autre part, aux inspecteurs généraux, un puissant élément
de contrôle, un auxiliaire précieux, en plaçant la presse
sous leur protection indirecte et dans les attributions du
ministre de la police? c'est ainsi que l'ont compris en 1852,
certains écrivains dont quelques-uns ont dû regretter leurs
illusions et même s'en repentir, lorsque, par une sorte de
révolution ministérielle, les inspecteurs généraux ayant
cessé de fonctionner, le bureau de la presse a été mis de
nouveau sous la dépendance du ministère de l'intérieur.

V I.

On n'a jamais connu les véritables motifs qui ont amené
la suppression d'une institution qui, après avoir été proclamée nécessaire, indispensable et considérée comme devant rendre d'immenses services, n'acheva même pas sa
première année d'existence. On a prétendu qu'elle avait été
victorieusement battue en brèche par les préfets ; on a parlé
de conflits entre le ministère de l'intérieur et le ministère

de la police, entre M. de Persigny et M. de Maupas : ce qu'il y a de certain, c'est que les inspecteurs généraux, sans même avoir été, selon la formule d'usage, appelés à d'autres fonctions, cessèrent de fonctionner.

Le Prince-Président venait d'être proclamé empereur par le suffrage universel ; mais tout prouve que Napoléon III conservait sur le trône impérial la ferme volonté exprimée par le Président de la République, de savoir autrement que par les préfets, comment fonctionnaient les divers rouages de l'administration départementale, « si les mesures arrêtées avec ses ministres s'exécutaient conformément à ses intentions, si l'opinion publique applaudissait aux actes de son gouvernement ou les désapprouvait..... »

On ne peut conserver aucun doute sur l'idée dominante de l'Empereur ; car, depuis son avénement au trône, cette idée s'est constamment manifestée par des actes significatifs.

Le 3 février 1853, le *Moniteur* contenait l'arrêté suivant :

« NAPOLÉON, par la grâce de Dieu et la volonté nationale, Empereur des Français, à tous présents et à venir, salut ;

« Sur la proposition de notre ministre, secrétaire d'État au département de l'intérieur ;

« Vu le décret du 25 mars 1852 sur la décentralisation administrative ;

« Considérant qu'il importe de constater l'influence exercée par l'application de notre décret du 25 mars 1852, sur la marche des différentes branches du service public dans les préfectures, et de recueillir les documents qui nous permettent d'apprécier ce qu'il convient de faire pour développer, perfectionner et rectifier, s'il y a lieu, les dispenses contenues dans le décret précité,

« Avons décrété et décrétons ce qui suit :

« Art. 1er. Des conseillers d'État désignés par nous, sur la proposition de notre ministre secrétaire d'État au département de l'intérieur, de l'agriculture et du commerce, seront chargés de l'inspection des préfectures, conformément aux instructions qui seront arrêtées par notre ministre de l'intérieur.

« Art. 2. Sont désignés pour l'inspection des préfectures en 1853 : MM. Carlier, Stourm, Vaïsse, J. Boulay (de la Meurthe), Frémy, Dariste, Boulatignier, conseillers d'État.

« Art. 3. Notre ministre de l'intérieur, de l'agriculture et du commerce, est chargé de l'exécution du présent arrêté.

« Fait au palais des Tuileries, le 2 février 1853.

« NAPOLÉON. »

(Contresigné : DE PERSIGNY.)

Les considérants de ce décret peuvent nous dispenser de tout commentaire ; bornons-nous à constater que le gouvernement déclare encore une fois que les immenses pouvoirs donnés aux préfets, par le décret sur la décentralisation, nécessitent un contrôle exceptionnel.

On peut déjà s'apercevoir, cependant, que le gouvernement éprouve beaucoup d'hésitation sur l'emploi des moyens ; cette hésitation va se manifester plus distinctement encore par de nombreuses mesures, qui ne semblent même pas toujours concordantes, ainsi que l'on pourra s'en convaincre en suivant avec nous les diverses phases de leur mise en pratique.

Le 5 février 1853, on lisait dans le *Moniteur*, que le ministre de l'intérieur avait décidé que les conseillers d'État, chargés de l'inspection des préfectures par le décret impérial du 2 février, se réuniraient en commission, sous sa présidence, pour préparer les instructions mentionnées dans l'article 1er dudit décret.

Le 6 mars suivant, le *Moniteur* publiait deux décrets : le premier, « afin de suppléer, près du ministre de la police, à une notable partie des attributions dévolues aux inspecteurs généraux supprimés, » instituait des commissaires départementaux chargés de la haute police, sous la surveillance du préfet. »

Le second était ainsi conçu :

« NAPOLÉON, par la grâce de Dieu et la volonté nationale, Empereur des Français, à tous présents et à venir, salut ;

« Considérant que la suppression des inspecteurs généraux et spéciaux exige néanmoins que notre ministre de la police générale, chargé de nous rendre compte de la situation générale du pays, ait à sa disposition les moyens de l'apprécier ;

« Qu'il ne peut le faire plus sûrement qu'à l'aide de hauts fonctionnaires, investis de notre confiance, parcourant l'empire, s'informant des abus à supprimer, des améliorations à réaliser, étudiant avec soin l'état des esprits, les vœux de l'opinion, les besoins du pays.

« Sur le rapport de notre ministre d'État au département de la police générale.

« Avons décrété et décrétons ce qui suit :

« Art. 1er. Selon les circonstances ou les besoins du service, un décret, rendu sur la proposition de notre ministre de la police générale, désignera, pour l'inspection des départements, plusieurs hauts fonctionnaires qui seront chargés de visiter successivement, et dans le cercle qui sera assigné à chacun d'eux, toutes les parties de l'Empire.

« Art. 2. Notre ministre secrétaire d'État au département de la police générale est chargé de l'exécution du présent décret.

« Fait au palais des Tuileries, le 5 mars 1853.

« NAPOLÉON. »

(Contresigné : DE MAUPAS.)

Ce fut seulement à partir du jour de la publication de ces deux décrets que les inspecteurs généraux, qui avaient continué à toucher les émoluments attribués à leurs fonctions, durent les considérer comme définitivement supprimées.

Toutefois il faut bien noter que l'institution subsistait et que le gouvernement semblait même vouloir donner aux nouveaux *Missi dominici* une considération, une autorité et une influence plus grandes en les choisissant parmi les hauts fonctionnaires de l'empire, en en restreignant le nombre, et surtout en confiant à d'autres fonctionnaires subalternes les attributions de police des inspecteurs généraux.

Remarquons toutefois que ces hauts fonctionnaires ne seront envoyés en mission que quand le ministre jugera leur inspection utile ; cette inspection ne sera donc plus permanente, et elle ne comprendra que la plus importante partie des attributions primitives des inspecteurs généraux, désormais divisées et même subdivisées, puisque déjà une inspection des préfectures a été confiée par le décret du 2 février à des conseillers d'État.

Il résultait évidemment de ces diverses mesures trois inspections distinctes : l'une administrative, composée du conseiller d'état délégué et dépendant du ministère de l'intérieur ; l'autre représentée par des commissaires départementaux sous la dépendance du préfet, mais nommés par le ministère de la police ; et enfin la haute inspection créée par le décret du 5 mars et dont nous appellerons les membres *les hauts fonctionnaires, — le Moniteur* ne les ayant jamais qualifié autrement.

Nommés hauts fonctionnaires le 10 avril 1853, MM. Carrelet et Marchand, sénateurs, Villemain et Dubessey conseillers d'état étaient reçus le 4 mai par l'Empereur.

« Les hauts fonctionnaires vont se rendre prochaine-
« ment dans les départements ; Sa Majesté, disait *le Moni-*
« *teur*, leur a donné des instructions pour cette mission
« importante, dont l'un des heureux effets sera de mettre
« sous les yeux de l'Empereur l'état des vœux du pays et
« des améliorations à réaliser dans l'intérêt public.

« La nature de cette mission, ajoutait *le Moniteur*, ga-
« rantit à ceux qui vont l'accomplir le concours empressé
« des fonctionnaires et les sympathies des populations. »

Le 8 mai suivant, *le Moniteur* nous apprend que les départements de l'empire ont été divisés en quatre circonscriptions que visiteront respectivement les quatre hauts
fonctionnaires délégués à cet effet par l'Empereur.

Mais le 21 juin de la même année paraît un décret qui
supprime le ministère de la police générale et qui réunit
les attributions de ce ministère à celles du ministre de l'intérieur.

Ainsi désormais toutes les inspections seront rattachées
au ministère de l'intérieur ; les conseillers d'État chargés du
contrôle des préfectures, les commissaires chargés de la
haute police des départements, les quatre hauts fonctionnaires appartiendront au même ministère que les préfets ;
et la presse, cet autre moyen de contrôle, entrera également
dans les attributions du ministre de l'intérieur.

Ici, nous sommes forcés de constater que cette concen-
tration ne paraît guère s'accorder avec les intentions exprimées par le Prince président dans sa lettre du 30 janvier 1852.

« L'administration de la guerre, celle des finances,
« disait la lettre présidentielle, ont un contrôle ; le ministère
« de l'intérieur, le seul politique, n'en a pas... Supposez
« des conflits entre les diverses autorités, comment sur des
« informations incomplètes et nécessairement partiales, ju-
« ger qui a raison, qui réprimer ou récompenser avec jus-
« tice ?...

« Dans l'état actuel des choses, il n'existe aucune orga -
« nisation qui constate avec rapidité et certitude l'état de
« l'opinion publique, car il n'en est aucune qui en ait la
« mission exclusive, qui dispose de moyens pour le bien
« faire, qui, désintéressée dans toutes les questions politi-
« ques, ait le pouvoir d'être impartiale, de dire la vérité et
« de la transmettre. »

Ces hautes considérations ne démontraient-elles pas d'une manière très-claire, la nécessité d'une institution composée de fonctionnaires indépendants du ministère de l'intérieur, et dont la mission aurait pu, dès lors, servir de contre-poids aux immenses pouvoirs donnés aux préfets (fonctionnaires du ministre de l'intérieur), par le décret sur la décentralisation administrative?

VII.

Il nous reste à examiner, maintenant, les résultats pratiques des nouvelles institutions appelées à suppléer, sous la direction du ministre de l'intérieur, à l'institution primitive des inspecteurs généraux du ministère de la police.

Les quatre hauts fonctionnaires chargés d'inspecter l'empire avaient quitté Paris peu de jours après avoir reçu solennellement les dernières instructions de l'Empereur. Déjà les journaux de quelques départements signalaient leur passage et parlaient de leur mission qui semblait s'accomplir avec un certain éclat, lorsqu'au mois de juillet 1853 parut dans *le Moniteur* un décret qui répartissait de nouveau entre tous les inspecteurs déjà nommés, (sauf MM. Carteret et Boulay de la Meurthe), les départements de l'Empire : 1re circonscription M. Marchand, 2e M. Carlier, 3e M. Boulatignier, 4e M. Villemain, 5e et 6e MM. Vaïsse et Frémy, 7e M. Stourm, 8e M. Dubessey, 9e M. Dariste.

Ce décret était suivi dans le *Moniteur* de la circulaire ci-après adressée aux préfets par le ministre de l'intérieur :

« M. le préfet,

« L'Empereur a décidé que l'inspection confiée à de hauts fonctionnaires, sur la proposition du ministre de la police générale, en exécution du décret du 5 mars 1853 serait réunie à l'inspection des préfectures confiée à des conseillers d'État par le décret du 2 février précédent ; mais l'inspection devra se borner aux services administratifs dans les départements où l'inspection politique a déjà eu lieu.

« Un décret en date du 23 juillet, inséré au *Moniteur* de ce jour, contient le tableau des circonscriptions d'inspection, et leur répartition entre les inspecteurs.

« Un auditeur au Conseil d'État est attaché à chaque inspecteur en qualité de secrétaire.

« Les inspecteurs et les auditeurs seront reçus à l'hôtel de la préfecture, mais sans qu'il soit nécessaire d'observer le cérémonial prescrit par le décret de messidor an II.

« Dans les vingt-quatre heures de son arrivée, chaque inspecteur recevra les fonctionnaires du département.

« Ceux de MM. les inspecteurs qui n'ont pas encore quitté Paris, doivent le faire incessamment; mais vous serez informé particulièrement de l'époque précise à laquelle l'inspecteur, dans la circonscription duquel se trouve votre préfecture, se rendra dans le département.

« MM. les inspecteurs ont reçu de l'Empereur directement les instructions pour l'accomplissement de leur mission; ils seront en outre porteurs de celles que j'ai dû arrêter, en exécution du décret de Sa Majesté en date du 2 février dernier.

« D'après ces instructions, les préfectures, et tous les services qui en dépendent ou s'y rattachent, devront être l'objet d'un examen approfondi dans toutes leurs parties, en vue de maintenir ou de fortifier l'unité de l'action administrative dans chaque département.

« L'Empereur attend un échange de communications sincères et bienveillantes entre les membres de la haute administration et les fonctionnaires de l'administration locale. Il est convaincu que l'inspection lui fournira ainsi les moyens de mieux seconder l'action des autorités départementales, et en même temps d'obtenir de ces autorités une coopération plus efficace.

« Recevez, Monsieur le préfet, etc.

« *Le ministre de l'intérieur :* F. DE PERSIGNY. »

Ainsi, en résumant les diverses phases de l'institution du 30 janvier 1852, nous trouvons d'abord des fonctionnaires dont on peut caractériser les attributions, en leur donnant le titre de : *Missi dominici*, sauf cette différence entre les envoyés de Charlemagne et ceux du prince Napoléon, que les premiers étaient à la fois les yeux, les oreilles et le bras de l'Empereur, et que leur mission était temporaire, tandis que les seconds, chargés seulement de voir et d'entendre, avaient une mission permanente.

En février 1853, le gouvernement crée une inspection administrative des préfectures, qu'il confie à des conseillers d'État, sous la direction du ministre de l'intérieur.

En mars 1853, les inspecteurs généraux du ministère de la police sont définitivement remplacés (1) par une délégation de fonctionnaires plus considérables, plus élevés, mais qui semblent chargés d'une mission analogue, moins praticable cependant, puisque le nombre de ces fonctionnaires était seulement de quatre pour toute la France ; ce qui ne pouvait leur permettre qu'un court séjour dans les départements de leur circonscription, en admettant qu'ils les visitassent chaque année.

Cette inspection politique, se rattachant au ministère de la police générale, était indépendante de l'inspection administrative dirigée par le ministre de l'intérieur.

Mais le ministère de la police générale est supprimé, et bientôt les deux ordres d'inspection sont réunis en un seul. M. de Persigny, notifiant cette décision impériale aux préfets, déclare que « l'inspection devra se borner aux ser- « vices administratifs dans les départements où l'inspection « politique a déjà eu lieu. » Ce qui implique que, dans les autres départements, l'inspection sera à la fois politique et administrative.

Par conséquent, toutes les attributions des deux catégo-

(1) Nous n'avons pas à tenir compte des commissaires départementaux qui n'ont jamais été que des commissaires de police.

ries d'envoyés se trouvent désormais rassemblées sur la tête de celle qui subsiste seule, et qui se compose de neuf fonctionnaires, dont un sénateur et huit conseillers d'État.

De même que leurs devanciers, les nouveaux inspecteurs quittèrent Paris, après avoir reçu de l'Empereur des instructions pour l'accomplissement de leur mission.

Il serait difficile, cependant, de savoir quand et comment cette mission a été accomplie. Tout ce que nous pouvons supposer, d'après les journaux de l'époque, c'est que les nouveaux inspecteurs se rendirent dans quelques départements, furent logés et choyés à la préfecture, visitèrent les monuments du chef-lieu, et inspectèrent sans doute les bureaux administratifs; mais nous doutons très-fort qu'ils aient pu remplir le principal but de leur mission, et qu'elle ait eu un résultat satisfaisant au point de vue du contrôle des actes préfectoraux, de la surveillance administrative, et surtout des renseignements que Sa Majesté désirait obtenir sur l'esprit des populations, sur les abus, sur les besoins, sur les améliorations, sur tout ce qu'il importe enfin à un souverain de connaître.

Les nouveaux inspecteurs n'avaient pas terminé leur première tournée, que déjà l'institution n'existait plus. A partir de l'année 1854, nous n'en trouvons plus aucune trace; et on peut constater, du reste, la nomination à d'autres fonctions de la plupart des inspecteurs.

Ainsi, la première institution avait duré un an et avait fonctionné pendant six mois; car il faut tenir compte des retards d'installation. L'épreuve, par conséquent, n'avait pu être complète, et on ne saurait apprécier, d'une manière bien positive, les services qu'elle était appelée à rendre. Quant à la seconde institution, c'est à peine si elle a fonctionné.

Depuis ces essais sans résultats, qui n'ont plus été renouvelés, quatre années se sont écoulées. Il est vrai que les complications de la politique extérieure ont dû nécessairement absorber les préoccupations gouvernementales;

mais nous n'en restons pas moins convaincus que, même au milieu des grandes et glorieuses péripéties de la guerre d'Orient, l'administration intérieure n'a pas cessé d'être l'objet de la sollicitude impériale : le pays en a eu d'ailleurs de nombreuses preuves.

Que des fautes aient été commises par les administrateurs des départements ; qu'ils aient pu abuser quelquefois des immenses pouvoirs qui leur sont confiés ; on doit le craindre. Que l'Empereur n'en ait rien su, c'est à peu près certain, puisque tous, ou presque tous les préfets, ont été maintenus dans leurs fonctions. Mais le pays, en admettant qu'il ait eu à se plaindre, a fait la part des circonstances et des intentions. La même pensée d'affection, d'estime et de confiance domine toujours les masses, et se traduit toujours par cette expression que l'on retrouve infailliblement dans la bouche de quiconque se croit victime d'un abus : si l'Empereur le savait !

L'empereur Napoléon III veut savoir, il saura tôt ou tard, et quand il saura, bonne et prompte justice sera faite à **tous** et pour tous ; n'en avons-nous pas une preuve bien convaincante dans la lettre qui a été écrite par l'Empereur au ministre de la guerre, relativement à certains errements des préfets dans les conseils de révision pour le recrutement de l'armée ; lettre qui a produit, lors de sa publication par le *Moniteur*, une grande sensation, en raison surtout de l'énergique improbation qui atteignait les premiers fonctionnaires de quelques départements.

VIII.

Ainsi qu'on l'a dit très-judicieusement, les institutions impériales visent à un double but qu'elles sont éminemment propres à atteindre : faire respecter tous les intérêts, améliorer la condition du peuple, c'est-à-dire de la classe la plus nombreuse et la plus pauvre, pacifier les classes supérieures de la société, et mettre fin à leur antagonisme en les ramenant à la concorde et à l'unité par un sentiment commun de patriotisme.

Tout ce qu'il y a encore d'irrégulier et même de trop absolu dans le sens de ces institutions, peut être facilement régularisé ou adouci, grâce à la puissance et à la souplesse du mécanisme gouvernemental qui permet d'apporter à la loi et à son application toutes les améliorations dont l'expérience fait connaître l'avantage et l'opportunité.

Ce ne sera pas un des moindres bienfaits de la paix, que de permettre à l'empereur Napoléon III de consacrer ses soins à faire produire aux institutions impériales tout le bien dont elles sont susceptibles. La paix, en rendant au gouvernement la libre disposition de ses forces pour la protection et le développement de la civilisation, lui permettra de se recueillir, de se reconnaître, de faire le bien, et — en prenant l'initiative des réformes à accomplir, des abus à réprimer — de prévenir le retour des révolutions.

. On a déjà pu voir avec quelle énergie, quelle force de volonté le gouvernement persévère dans cette voie de conservation et de salut. Ainsi à peine les hostilités avaient-elles cessé en Orient, que paraissait dans *le Moniteur* un article très-remarquable sur les devoirs du Sénat ; nous n'avons pas besoin de démontrer l'importance de ce document qui a fort occupé le monde politique, il nous suffira d'en citer quelques extraits pour en faire comprendre la signification et le but.

Après avoir énuméré les attributions que la constitution de 1852 a voulu réserver au Sénat, et indiqué d'une manière précise les fonctions qu'il doit remplir dans le mécanisme gouvernemental, l'article du *Moniteur* se terminait ainsi :

« La constitution a voulu qu'il y eût un corps composé d'hommes mûris par la pratique des affaires les plus élevées, ayant appartenu et appartenant encore à l'armée, à la magistrature, à la politique, à la diplomatie, à l'industrie, aux sciences et aux lettres ; un corps inamovible et indépendant qui, dans l'intervalle de ses sessions, *eût assez de loisirs pour parcourir le pays, s'informer de ses besoins,* et formuler ensuite des projets de loi qui en seraient l'expression.

« Elle a voulu qu'au moyen de cette enquête locale faite par chacun de ses membres avec l'ascendant de sa situation, ce corps pût éclairer sans cesse le gouvernement sur l'état moral et matériel de la société.

« Elle a voulu, en un mot, que le Sénat ne fût placé si haut dans la hiérarchie constitutionnelle, et dans une sorte d'indépendance vis-à-vis des autres pouvoirs et du gouvernement lui-même, que pour signaler avec plus d'autorité à la sollicitude de l'Empereur, tout ce qui peut contribuer à la gloire de son règne et au progrès de la civilisation.

« Le Sénat a-t-il bien compris lui-même toute l'importance de cette haute mission? Ne s'est-il pas laissé dominé peut-être par les souvenirs et les habitudes de l'ancienne pairie ?

« Il ne faut comparer entre elles que les choses semblables.

« Or, il n'y a aucune analogie entre ces deux institutions. Si le Sénat n'était, comme la pairie, qu'une branche du pouvoir législatif, il aurait bien moins de prérogatives que cette assemblée, car il n'a pas comme elle la discussion et le vote des lois. La chambre des pairs pouvait refaire les lois en refaisant les discours prononcés à la tribune du Palais-Bourbon.

« Mais le Sénat se livrerait à un travail sans but et, par conséquent, sans autorité, en discutant ce qu'il n'a pas le droit de changer, si ce n'est pour cause d'inconstitutionnalité. Sa tâche se borne à vérifier le caractère général des projets qui lui sont envoyés du Corps législatif, au point de vue des principes fondamentaux dont il est le gardien. Ses prérogatives ne sont pas celles de la pairie, elles sont différentes; mais elles sont autrement plus nombreuses, plus sérieuses et plus élevées.

« Le Sénat est avant tout un grand pouvoir politique et moral. Le législateur de 1852, en l'instituant, n'a pas entendu en faire l'image affaiblie d'une autre institution qui appartient à l'histoire. Il a voulu créer un corps approprié au gouvernement qu'il fondait, et à notre ordre social tel qu'il est sorti de la Révolution française ; il a donné à ce corps un rôle aussi élevé qu'important.

« Dans les temps réguliers et calmes, il peut suggérer toutes les grandes mesures d'utilité publique ; il entend les pétitions des citoyens ; il examine la situation du pays ; il recherche ses besoins ; il étudie les perfectionnements de son organisation ; il signale les réformes utiles ; il propose les améliorations réelles. Dans les temps extraordinaires il peut, comme les anciens parlements, arrêter le pouvoir quand il s'égare ; il veille au salut de la patrie, à l'intégrité du territoire, au respect du pacte national, au maintien de tous les principes et de tous les intérêts de la société.

« Pour que cette part soit aussi belle dans l'opinion du pays qu'elle a été importante et privilégiée dans la volonté de l'auteur de la constitution, le Sénat n'a qu'à se placer résolument dans l'esprit de sa haute mission. Il dépend de lui de rendre ses loisirs plus utiles que ne l'étaient les travaux de l'assemblée dont il occupe la place au Luxembourg.

« C'est d'ailleurs avec une intention calculée, que la constitution de 1852 lui a donné du temps. Le temps et l'étude, c'est l'observation, c'est la réflexion, c'est l'enquête incessante de tout ce que réclament la moralisation du peuple, son bien-être, les intérêts de l'agriculture, les développements du travail et du crédit, la prospérité et la sécurité de la France.

« Le temps, pour des hommes d'État, c'est la puissance de chercher le bien, de le découvrir, de le préparer, de le proposer, de le défendre et de l'accomplir. Le temps, c'est ce qui manquait aux assemblées parlementaires, ce qui manque encore, ce qui manquera toujours aux ministres, accablés de tant de soins et de responsabilité. Quelle plus grande force pouvait être donnée à une assemblée qui, ayant le droit d'initiative, a le pouvoir de faire réussir tout ce qui est vraiment utile ?

« Ainsi, pour résumer le jeu de la constitution, l'Empereur gouverne au moyen de ses ministres. Ceux-ci ont le conseil d'État comme collaborateur vigilant. Le contrôle s'exerce pleinement et librement par le Corps législatif.

« Enfin, à côté du gouvernement siége le Sénat : tandis que tous les autres pouvoirs de l'État et l'Empereur lui-même sont absorbés par les innombrables questions de chaque jour et par les soins immenses de la politique intérieure, lui ne descend à son rôle d'observateur que pour remonter ensuite à son rôle de haute protection de tous les intérêts de la société.

« Modérateur du gouvernement s'il s'emporte, instigateur s'il s'endort, il exerce une influence toujours active sur sa marche ; appui et conseil du trône, il lui apporte avec le tribut de son expérience et le résultat de ses investigations, des moyens toujours nouveaux de faire le bien et de mériter la reconnaissance du peuple. »

Le document que nous venons de citer prouve, une fois de plus, avec quelle ardeur le gouvernement a toujours cherché les moyens d'obtenir des renseignements sur la situation du pays, sur ses besoins ; c'est au Sénat qu'il s'adresse cette fois, il engage chacun de ses membres à faire pendant l'intervalle des sessions des enquêtes locales, à parcourir le pays afin de pouvoir signaler à la sollicitude de l'Empereur tout ce qui peut contribuer à la gloire de son règne et au progrès de la civilisation.

On le voit, le gouvernement voudrait trouver dans le Sénat de nouveaux *Missi dominici,* mais il comprend en même temps, tout en s'adressant à la bonne volonté des sénateurs et en stimulant leur zèle, qu'il ne doit y compter que dans certaine mesure. En effet, ainsi que le dit l'organe officiel, beaucoup de sénateurs appartiennent encore à l'armée, à la magistrature, à la politique, à la diplomatie, à l'industrie, aux sciences et aux lettres ; et à ceux-là l'intervalle des sessions ne laisse que de courts loisirs. D'autres sont fort âgés et ont besoin de repos ; le plus grand nombre ne quitte jamais Paris ; quelques-uns retournent en province dans quelque résidence champêtre, dans quelque vieux château, loin du bruit et des tracas de la ville ; ceux-ci vont passer l'été aux eaux, ceux-là en Italie, en Suisse ; enfin, on s'explique parfaitement que l'initiative du Sénat ait peu produit, et qu'individuellement les membres de ce corps ne soient guère en position et en disposition de remplir l'office d'envoyés du maître.

Dans tous les cas, le but ne serait pas atteint, puisque plus de la moitié du pays pourrait n'être jamais visitée par aucun sénateur ; le mérite seul déterminant le choix, lorsqu'il s'agit d'élever un citoyen à cette haute dignité, le gouvernement ne peut tenir aucun compte du lieu de résidence ou de naissance, et, dès lors, les sénateurs n'appartiennent pas à telle division territoriale plutôt qu'à telle autre

A défaut des sénateurs, ne serait-il pas désirable que les députés pussent user, dans l'intérêt des départements, de l'influence dont ils jouissaient naguère, lorsque les assemblées législatives n'étaient pas composées en majorité, comme aujourd'hui, de candidats du gouvernement.

Ces derniers, en effet, ont dû, presque tous, leur nomination et ils croient qu'ils devront leur réélection à l'appui du préfet.

Il en était autrement sous les deux dernières monarchies ; l'ancien régime parlementaire reposait, on le sait, sur une échelle d'influences dont le ministre et le garde champêtre étaient le premier et le dernier échelon. Chaque département, chaque arrondissement, chaque ville, chaque village avaient leur influence locale, formant tout autant de ramifications partielles d'un tronc plus ou moins commun. On ne le voyait nulle part, mais on le devinait partout. C'était de là que sortaient, pour les régions administratives locales, les hauts et les petits fonctionnaires ; pour les hautes régions de la politique, les députés et par suite les ministres que faisaient ou défaisaient les majorités parlementaires ou même les coalitions de minorités.

Ainsi, l'autorité ne résidait qu'en apparence chez les titulaires des emplois, et appartenait réellement aux influences qui avaient sur ces titulaires pouvoir indirect de nomination, de destitution et de remplacement. Il en résultait un véritable déplacement de l'autorité, puisque les coteries et les influences locales effaçaient l'action du Pouvoir exécutif, forcé de compter sans cesse avec les prétentions individuelles.

C'était là, sans contredit, une situation très-vicieuse au point de vue gouvernemental ; mais alors, du moins, le gouvernement ne manquait jamais de renseignements. Le député, ayant en quelque sorte la responsabilité du fonctionnaire qu'il avait fait nommer, était un premier surveillant ; avait-on à se plaindre, c'était à lui qu'on s'adressait, et s'il ne faisait pas droit immédiatement, il risquait d'abord d'être très-mal noté dans le corps électoral, de perdre son influence, et d'en laisser hériter quelque concurrent qui, en s'adressant au ministre et au besoin à la Chambre, finissait sinon par obtenir justice, du moins par faire beaucoup de scandale, ce dont les électeurs ne pouvaient manquer de lui savoir gré.

L'opposition et la presse servaient également de contrepoids à l'influence des coteries, et arrêtaient souvent les fonctionnaires sur la pente de l'erreur ou de l'abus ; mais l'influence des coteries, l'opposition et la presse rendaient aussi parfois le gouvernement impossible, et, sous ce rapport, la situation actuelle est infiniment préférable ; seulement il y a un moyen terme à rechercher, à trouver, à appliquer, afin que l'influence des coteries et l'omnipotence des fonctionnaires ne restent pas tout à fait sans contrepoids : c'est toujours et encore ce que désire l'Empereur.

IX.

Après avoir rendu un légitime hommage au génie de Napoléon III, à sa sollicitude pour ses sujets, à son amour de la justice et de la vérité ; après avoir montré tout ce qu'il a fait, tout ce qu'il a voulu faire pour connaître les abus, afin de les prévenir et au besoin de les réprimer avec la persévérante énergie qui le caractérise, nous sommes fondés à penser que la question non résolue n'est pas abandonnée, et à croire que l'admirable idée qui avait présidé à l'institution des inspecteurs généraux ne restera pas sans application.

Il doit nous être permis, dès lors, d'examiner si, en profitant des leçons de l'expérience et en évitant les difficultés et les obstacles, on ne parviendrait pas au but que l'on s'était proposé d'atteindre.

La mission des inspecteurs généraux fut d'abord très-complexe : d'une part ils devaient surveiller les administrateurs, et d'autre part les administrés ; et, tout en surveillant administrateurs et administrés, s'occuper des besoins à satisfaire, des améliorations à introduire, etc., etc.

Cette mission n'était cependant pas impossible à remplir ; elle eût atteint son but, croyons-nous, si les inspecteurs généraux avaient rencontré dans les départements le concours et les sympathies qui leur ont fait défaut.

Les préfets, d'abord, n'ont pu voir sans jalousie, sans défiance, l'installation d'un pouvoir que les populations devaient naturellement croire égal, sinon supérieur, à celui qui leur était dévolu ; ils ont pensé que l'éclat dont on avait entouré les nouvelles fonctions, leur nature même, nuiraient à la considération préfectorale ; qu'ils n'auraient plus été les maîtres dans leur département ; qu'en nommant des surveillants officiels, le gouvernement les mettait, par ce seul fait, en suspicion vis-à-vis de leurs administrés ; et enfin qu'ils allaient devoir compte indirectement de leurs actes à un ministre dont, jusqu'alors, ils étaient restés indépendants. A leurs yeux, il y avait là un empiétement sur les attributions du ministre de l'intérieur, qui, peut-être, comme supérieur immédiat, leur aurait su peu gré de leur condescendance vis-à-vis d'un de ses collègues.

A tort, sans aucun doute, beaucoup de préfets crurent

faire leur cour à M. de Persigny, en n'accueillant qu'avec une extrême réserve les délégués de M. de Maupas.

Les administrés, de leur côté, ne purent pas assez oublier que les inspecteurs généraux appartenaient au ministère de la police ; or, par suite d'un préjugé difficile à vaincre, les attributions de ce ministère impliqueront longtemps encore une arrière-pensée peu favorable à la considération de ses fonctionnaires, quels qu'ils soient.

A nos yeux, ce fut une première et grave erreur que de présenter l'inspecteur-général comme le supérieur hiérarchique du commissaire de police et des agents de police, et, surtout, de le charger officiellement de la police politique.

L'institution devait se briser contre cet écueil.

Le Prince-Président lui-même, dans sa lettre du 30 janvier, semble en avoir eu le pressentiment, puisqu'il cherche, d'une manière indirecte, à rassurer le pays en disant qu'il ne veut ni provocation, ni persécution ; qu'il ne s'agit pas de dévoiler les secrets de famille, de voir partout le mal pour le plaisir de le signaler, d'interrompre les relations des citoyens en faisant planer partout le soupçon et la crainte ; mais que la nouvelle institution doit être, au contraire, essentiellement *protectrice* (1), principalement animée de cet esprit de bienveillance et de modération qui n'exclut pas la fermeté.....

Malheureusement, à côté de la lettre du Prince, les journaux publiaient les instructions du ministre de la police, et M. de Maupas s'exprimait ainsi :

« Paralyser l'esprit de désordre en désarmant surtout
« son audace par la certitude d'une infaillible répression,
« lasser son activité malfaisante par votre vigilance et votre
« inébranlable énergie, le suivre dans ces ténébreuses as-
« sociations où s'ourdissent les plus abominables complots,
« combattre l'esprit de parti, quelque drapeau qu'il ar-
« bore..... tel est, Monsieur l'inspecteur général, ce que

____

(1) Ce mot est souligné, c'est-à-dire en italiques, dans *le Moniteur*.

« je puis appeler le côté politique de vos attributions. »

Il est utile, indispensable sans doute, que ce côté politique soit attribué à certains agents ; mais les populations, toujours par suite de vieux préjugés difficiles à vaincre, comprennent avec peine qu'on puisse paralyser l'esprit de désordre, et surtout le suivre dans ses ténébreuses associations, sans faire un peu ou beaucoup de police secrète ; or, la police secrète représente toujours plus ou moins, dans les idées populaires, la provocation, la persécution, la divulgation des secrets de famille, le soupçon, l'espionage, tout enfin ce que ne devait pas représenter l'institution protectrice des inspecteurs généraux.

Il eût donc fallu ne pas la rattacher au ministère de la police, et ne pas faire officiellement de ses fonctionnaires les supérieurs hiérarchiques des commissaires et des agents de police.

X.

Après avoir signalé les principaux écueils contre lesquels l'institution des inspecteurs généraux devait se briser, nous pouvons ajouter qu'il serait très-facile de les éviter désormais, et c'est encore dans l'admirable lettre du Prince-Président que nous en chercherons les moyens et que nous trouverons peut-être les bases d'une institution nouvelle.

« L'inspecteur, dit le Prince, surveillera sans rien administrer ; il ne diminuera pas le pouvoir des préfets, il ne le partagera pas ; il se bornera à fournir au gouvernement des indications sur les améliorations à introduire, sur les abus à supprimer, et à faire parvenir la vérité jusqu'au pouvoir... »

Dans ces limites, l'inspection peut certainement être rétablie et avoir cette fois de grandes chances de succès et de durée.

La première condition serait, selon nous, de la rattacher au ministère d'État, pour montrer qu'elle est plus particulièrement destinée au service de l'Empereur, qu'elle fait en quelque sorte partie de sa maison, et que, par conséquent, les inspecteurs seront bien, désormais, de véritables *Missi dominici*.

Les membres de l'institution nouvelle, choisis parmi les anciens magistrats, parmi les anciens officiers supérieurs, parmi les chefs d'administration et les hauts fonctionnaires en retraite, n'auraient besoin d'aucunes prérogatives exceptionnelles ; leur titre seul d'envoyés de l'Empereur les recommanderait suffisamment aux égards des préfets et au respect des populations.

On créerait autant d'inspecteurs qu'il y a de départements. Chaque inspecteur aurait deux secrétaires, également fonctionnaires du ministère d'État ; ils résideraient au chef-lieu, mais ils devraient faire plusieurs tournées départementales par an ; leur itinéraire serait publié à l'avance, ainsi que les jours et heures d'audience publique.

Pour compléter le système d'organisation, il serait utile de rattacher au ministère d'État le bureau de la presse, aujourd'hui sous la dépendance du ministre de l'intérieur.

Nous avons déjà, en parlant de l'omnipotence des préfets dans leur département, de leur influence sur la presse locale, fourni des arguments de nature à montrer combien ce changement est désirable ; sans autre insistance à ce sujet, nous nous bornerons à ajouter que, d'après notre ferme conviction, basée sur une longue expérience du journalisme, la presse périodique ne peut manquer de devenir pour le pouvoir central un moyen très-efficace de contrôle ; lorsque, placée dans les attributions du ministère d'État et sous la protection des délégués de l'Empereur, elle se croira à l'abri des coteries et des rancunes locales.

S'il est vrai que le gouvernement impérial, bien que tout à fait affermi sur ses bases, ne puisse encore, dans un intérêt de prévoyance très-explicable, se dessaisir des armes qu'il possède pour réprimer les écarts de la presse, on doit cependant admettre qu'elle a acquis depuis 1852

d'incontestables droits à l'indulgence et même à la bienveillance du chef de l'État, de Napoléon III, dont les sentiments véritablement libéraux n'ont jamais cessé de se ré-
véler par le respect le plus scrupuleux des grands principes
de 1789.

Le ministère d'État ne serait-il pas l'intermédiaire natu-
rel de cette bienveillance impériale, le meilleur interprète
de ces sentiments vis-à-vis de la presse ; sa position ne lui
permettrait-elle pas de la protéger, de la défendre même,
ne fût-ce qu'en appréciant avec une complète impartialité
les circonstances qui militeraient en faveur d'un journaliste
menacé dans sa propriété, dans sa fortune, dans ses moyens
d'existence, par l'application trop rigoureuse de certaines
prescriptions légales, qui, exception unique dans nos codes,
infligent au journaliste la terrible peine de la confiscation,
c'est-à-dire atteignent même le patrimoine des enfants,
compromettent leur avenir, et quelquefois les condamnent
pour toujours à la misère.

Et, il faut bien le dire, parce que cela est vrai, ces prescriptions si rigoureuses ont été, en maintes circonstances,
non-seulement rigoureusement mais *inutilement* appli-
quées !

Ainsi, pour ne citer qu'un exemple, nous connaissons un
écrivain de province appartenant depuis vingt ans à la
presse de l'ordre, n'ayant jamais donné au pouvoir le moindre sujet de plainte, n'ayant jamais reçu le moindre aver-
tissement, qui a perdu le journal qu'il avait fondé, le plus
important du département, et dont la valeur était de
300,000 fr., à la suite de deux contraventions insignifian-
tes, étrangères à la politique, lesquelles, après un acquitte-
ment en première instance, n'avaient pas entraîné, ensemble, plus de 250 fr. d'amende infligées au gérant en appel.

Malgré les démarches, les sollicitations, les circonstances
si atténuantes qui militaient en sa faveur, il ne put éviter
la suppression de son journal, ni obtenir le moindre délai,
même pour se pourvoir en grâce.

Père de huit enfants, se trouvant ruiné et sans emploi, il fut forcé de se mettre aux gages de son successeur, car un protégé du bureau de la presse (à tout autre titre que comme homme de lettres), avait obtenu de continuer la publication du journal supprimé ; et celui qui l'avait fondé devint immédiatement après la suppression de son journal, le rédacteur principal de la nouvelle publication au moyen de laquelle le protégé, très-peu lettré, du bureau de la presse, s'assurait quinze mille francs de rentes.

Si l'écrivain dont nous parlons, eût été considéré comme dangereux, ou seulement comme hostile au pouvoir, le bureau de la presse n'eût certainement pas permis à son délégué de l'employer comme rédacteur ; or, s'il n'était ni dangereux ni hostile comme rédacteur, n'aurait-on pas pu, avec un peu d'indulgence, lui laisser sa propriété ?

Les rigoureuses prescriptions du décret de 1852 n'ont eu d'autre but que d'enlever aux écrivains dangereux et hostiles les armes dont ils ont abusé. Dans le cas actuel, il n'y avait pas eu abus, aussi n'enlevait-on pas les armes ; on n'enlevait qu'une propriété de 300,000 fr. !

Nous comprenons parfaitement la continuation de la publication d'un journal sous un autre titre, pour donner satisfaction au décret ; nous ne comprenons pas la confiscation de la propriété au profit d'un tiers, qui se borne à en toucher les produits et à en tirer le plus d'argent possible.

Et ce n'est pas tout encore : après deux ans, le même journaliste fut congédié, sous prétexte d'économie, par le propriétaire de son ex-journal. Alors, il crut naïvement à la possibilité d'obtenir du bureau de la presse, l'autorisation de fonder une autre publication, attendu qu'exerçant depuis vingt ans le journalisme, il n'avait pas d'autre profession pour élever honorablement ses huit enfants.

Des antécédents irréprochables, des services récents militaient en sa faveur ; il venait d'écrire pendant deux ans dans un organe de la pensée gouvernementale, c'était une garantie.

Il n'a rien pu obtenir. La perte de sa position est restée irréparable :

Ainsi, un homme de lettres qui, dans sa longue carrière de journaliste, n'a cessé de préconiser et de défendre les saines doctrines politiques et sociales, voit d'abord sa propriété tomber sous le coup d'une confiscation, dont l'utilité semble fort contestable, et ensuite on lui refuse l'autorisation de fonder un autre journal, bien qu'on ne puisse lui opposer aucun motif légitime d'empêchement (1).

Réduit peut-être à chercher des ressources dans la publication de quelque brochure, cet homme de lettres doit naturellement s'écrier : Si l'Empereur le savait (2) !

A l'avenir, des circonstances semblables se représentant, le ministre d'État, bien informé, bien renseigné par les inspecteurs généraux, serait une sauvegarde pour les écrivains contre l'application trop rigoureuse de la loi, ne fût-ce qu'en donnant à l'Empereur l'occasion d'exercer la plus belle de ses prérogatives : le droit de grâce.

En résumé, nous avons la ferme conviction que le rétablissement de l'institution des inspecteurs généraux, rattachée, ainsi que la presse, au ministère d'État, serait une excellente mesure sous tous les rapports.

XI.

Le moment est venu de traiter la question qui nous occupe au point de vue des élections qui auront lieu sous peu de jours.

Les membres du Corps législatif, avons-nous dit, ont dû, pour la plupart, leur nomination à l'influence préfecto-

---

(1) Les condamnations pour contravention ne sauraient avoir d'effet sur l'avenir et briser à jamais la carrière d'un journaliste. D'autre part, la circulaire ministérielle sur l'exécution du décret organique relatif à la presse, dit : *Le gouvernement ne veut user du droit de refus d'autorisation, que dans l'intérêt de la société, de l'ordre et de la morale.*

(1) Voir la note à la fin du volume.

rale; quelques-uns d'entre eux cependant, opposés par les électeurs au candidat officiellement désigné, ont été élus. Cette année, ces mêmes députés deviennent candidats du gouvernement, puisque « le gouvernement considère comme « juste et politique de présenter à la réélection, tous les « membres d'une assemblée qui a si bien secondé l'Empe- « reur et servi son pays. »

Ces termes de la circulaire ministérielle du 30 mai 1857 prouvent qu'il peut y avoir d'excellents députés en dehors du choix préfectoral.

Nous remarquons, en outre, dans cette même circulaire, l'insistance toute particulière du ministre à déclarer itéra-tivement que le gouvernement veut garantir *la vérité* et *l'indépendance* du suffrage universel; que l'Empereur en veut la pratique *libre* et *indépendante;* que les candida-tures *contraires* pourront *librement* se produire; que l'éli-gible et l'électeur auront une *entière liberté,* l'un pour se produire, l'autre pour exprimer son choix; et nous en con-cluons que si le préfet propose des candidatures, il n'y aura néanmoins de véritable lutte que dans le cas où un parti politique produirait ce qu'on appelle un drapeau ; alors, comme il s'agirait d'un acte de légitime défense, le repré-sentant du pouvoir aurait nécessairement pour devoir d'op-poser drapeau à drapeau, et d'assurer le triomphe du sien par tous les moyens dont il dispose.

Mais entre deux candidats également dévoués aux insti-tutions actuelles, le préfet, quelles que soient ses répu-gnances ou ses préférences personnelles, pourrait se dispen-ser d'intervenir hostilement; c'est ainsi que les élections conserveraient, selon nous, un caractère incontestable de vérité, de liberté.

De leur côté les électeurs auront à s'efforcer d'envoyer au Corps législatif des hommes indépendants qui n'hésite-ront pas, le cas échéant, à user de toutes les facilités que leur offrira leur position, pour appeler l'attention de l'Em-pereur sur les besoins de leurs commettants, pour signaler les griefs dont ils auraient à se plaindre, les actes administratifs dont ils seraient victimes.

A ce point de vue, l'élection des membres du Corps législatif peut encore acquérir une grande importance ; et le gouvernement, qui cherche des moyens de contrôle, s'en créerait tout naturellement, puisqu'à l'avenir il lui suffirait d'accueillir et d'examiner les réclamations des élus du pays, pour savoir si ses fonctionnaires remplissent plus ou moins bien ses intentions dans l'exercice de leur pouvoir administratif.

Le Corps législatif doit être à la hauteur des autres grands corps de l'État, et avoir dans l'action gouvernementale sa part légitime de prépondérance.

Afin que les députés puissent seconder efficacement le chef de l'État, il faut que les noms qui sortiront du scrutin réunissent à la fois des garanties de talent, de capacité, de patriotisme et d'indépendance.

Dès qu'une candidature se présentera dans ces conditions, les électeurs devront l'appuyer énergiquement et la faire prévaloir, alors même qu'elle n'aurait pas les sympathies personnelles de quelques hauts fonctionnaires du département.

En faisant de bons choix, en les faisant en dehors de l'influence préfectorale, les électeurs de province auront à Paris des représentants qui deviendront, en outre, pour le gouvernement, un contre-poids salutaire de la décentralisation administrative, qui porteront jusqu'au pied du trône impérial l'expression des besoins du département, et qui faciliteront à tous leurs concitoyens les moyens d'obtenir justice des erreurs administratives ou des abus.

XII.

Nous venons d'user de la faculté qui appartient à tout citoyen d'exprimer des idées qu'il croit utiles ; nous l'avons fait sans crainte, comme sans arrière-pensée hostile ; nous dirons même pour combattre les arrière-pensées hostiles, car tel fut d'abord notre but.

Supposant à tort ou à raison que des actes, dont la responsabilité doit retomber dans tous les cas sur certains fonctionnaires subalternes, auraient pu laisser planer quelques doutes sur les intentions de l'Empereur, nous avons voulu démontrer toute la franchise, toute la loyauté de ces intentions, et nous croyons avoir fourni la preuve irrécusable des efforts constants et persévérants qui ont été tentés pour les réaliser.

Nous sommes donc maintenant fondés à conclure que si, dans ces derniers temps, la grandeur et la multiplicité des événements n'ont pas laissé assez de loisir au gouvernement impérial pour s'occuper des questions de formes et de détails relatifs aux mesures ordonnées par lui ; les bienfaits de la paix, le résultat des élections de 1857 vont lui permettre de reporter toute sa sollicitude sur ces questions, et notamment sur la manière dont les départements sont administrés.

Il nous eût été facile de signaler à ce sujet un certain nombre d'errements qui eussent justifié la nécessité urgente d'un contrôle et d'une surveillance ; mais cette nécessité n'ayant jamais été contestée, ayant au contraire été itérativement proclamée par le gouvernement, nous avons préféré ne pas entrer dans cette voie.

Le pays, nous sommes heureux de le répéter en terminant, aime trop Napoléon III pour faire remonter jusqu'à l'Empereur la responsabilité des abus ; il se les explique, il s'y résigne en pensant que le maître les ignore. Quant à nous, après avoir constaté avec bonheur ces nobles sentiments d'un peuple confiant et fidèle, il nous sera permis, sans doute, de rappeler qu'il y a parfois aussi une expression de souffrance dans ce cri de la confiance et de la fidélité populaire : SI L'EMPEREUR LE SAVAIT !!

NOTE. [1]

Tout démontre que S. M. l'Empereur n'a jamais été informé des nombreuses suppressions des journaux qui ont eu lieu dans les départements, non-seulement en 1852 et en 1853, mais même en 1854, sous le régime des institutions impériales et alors que le calme était complétement rétabli.

Le rapport adressé à l'Empereur par M. de Persigny, au moment où il venait de quitter le ministère de l'intérieur (en 1854), semblerait même prouver que ce ministre ne connaissait pas les suppressions récentes, bien que le bureau de la presse fût dans ses attributions. Voici un extrait de ce rapport :

« Sous l'empire de la législation actuelle de la presse, l'un des plus grands services que Votre Majesté ait rendu au pays, toute opinion consciencieuse et sincère peut se produire librement, à la condition de revêtir cette modération et cette mesure qui sont pour la vérité même une force de plus...

« Aujourd'hui, la presse ne peut plus déserter son rôle véritable pour se mettre au service des factions ; elle ne peut plus inoculer au pays l'esprit de désordre par la peur et l'imposture ; et ainsi se trouve conjuré un grand péril, sans pourtant qu'aucune atteinte soit portée à la liberté des intelligences.

« Si l'on considère l'attitude la presse aujourd'hui, on est forcé de reconnaître qu'en aucun temps elle n'a eu un langage aussi sage, aussi modéré, aussi conforme à la dignité des écrivains ; jamais elle n'a montré des sentiments plus patriotiques.

« Les avertissements ont toujours été en diminuant. Du 1er mars 1852 au 10 juin 1853, quatre-vingt-onze avertissements ont été donnés aux journaux à Paris et dans les départements. Un de ces journaux, *le Corsaire*, a été frappé de suppression. Du 10 juin 1853 au 10 juin 1854, trente-trois avertissements seulement ont été donnés. Un seul journal, *l'Assemblée nationale*, a été suspendu pendant deux mois. Je dois faire observer que le plus grand nombre de ces avertissements s'applique à des journaux de département, et ont été motivés sur des polémiques se rattachant à des intérêts secondaires et à des questions personnelles ou locales.

« Au point de vue de la répression judiciaire, les effets de la législation actuelle sur la presse sont encore *plus remarquables*. On se souvient du temps où les procès de presse avaient le privilége de surexciter l'opinion et d'absorber l'attention publique, en soulevant des scandales qu'ils avaient au contraire pour but de réprimer et de punir. Aujourd'hui, le régime des avertissements suffit. Je constate, comme un résultat digne d'attention, que, depuis un an, aucun procès de presse pour délit politique n'a été porté devant les tribunaux. »

(Moniteur du 20 juin 1854.)

Le ministre de l'intérieur, en constatant en 1854 que le régime des avertissements avaient suffi, ne savait probablement pas qu'un certain nombre de journaux venaient de succomber en 1854 sous le coup de condamnations judiciaires d'autant *plus remarquables*, en effet, qu'elles n'étaient prononcées que pour des contraventions sans importance, qui, cependant, bien que le ministre semble l'ignorer, entraînaient la confiscation de propriétés très-importantes. Ainsi, pour ne citer qu'une ville et qu'un exemple : deux des principaux journaux politiques du département du Nord, *la Liberté* et *la Gazette de Flandre*, ont été supprimés judiciairement à Lille, en avril 1854, c'est-à-dire quelques mois avant le rapport !

Il serait facile, du reste, de multiplier les citations de ce genre, si on avait à dresser le martyrologe de la presse française de cette époque.